Auberginen-Tomatenauflauf

Buchweizen-Gemüseauflauf

Probieren Sie diesen Auflauf auch einmal mit Hirse.

Zutaten für 2 Personen:
6 Eßl. Buchweizen (100 g) · 1 mittelgroße
Zwiebel · 1 mittelgroße Möhre (100 g)
2–3 Eßl. Butter oder Olivenöl · ¼ l Wasser
1 Lorbeerblatt · ½ Teel. gekörnte
Gemüsebrühe · Salz · 1 Prise Currypulver
1 Prise Muskatnuß, frisch gerieben
1 mittelgroße Stange Lauch/Porree
(200 g) · 50 g tiefgefrorene Erbsen
100 g Crème fraîche · 1 Bund Schnittlauch
oder Petersilie, frisch gehackt
(Seite 34/35) · 2–3 Eßl. Emmentaler,
frisch gerieben (50 g)
Für die feuerfeste Form: Butter

- Vorbereitungszeit: etwa 25 Minuten
- Backzeit: 10–15 Minuten

1

Den Buchweizen in einem Sieb abspülen und abtropfen lassen.

2

Die Zwiebel schälen, abspülen, halbieren und fein würfeln (Seite 18/19). Die Möhre waschen, bürsten oder dünn schälen und fein würfeln oder stifteln (Seite 34/35).

3

Die Butter in einem Topf aufschäumen lassen oder das Öl erhitzen und die Zwiebeln darin leicht anbräunen. Den Buchweizen dazugeben und 1–2 Minuten anrösten. Das Wasser, das Lorbeerblatt, die Gemüsebrühe, Salz, den Curry, die Muskatnuß und die Möhren dazugeben. Alles bei schwacher Hitze zugedeckt etwa 10 Minuten kochen lassen.

4

Inzwischen von dem Lauch die äußeren harten Blätter und die Wurzeln abschneiden. Die Lauchstange längs in der Mitte durchschneiden. Die beiden Hälften aufklappen und unter fließendem Wasser gründlich waschen. Den Lauch in etwa 1 cm breite Streifen schneiden. Den Lauch, die Erbsen und die Crème fraîche zu den übrigen Zutaten geben und alles 2–3 Minuten bei schwacher Hitze kochen lassen.

5

Die Hälfte der Kräuter unter die Masse rühren und abschmecken. Den Backofen auf 220° (Gas 3–4) einstellen. Eine flache Auflaufform fetten (Seite 34/35). Die Masse abwechselnd mit dem Käse in die Form schichten. Mit einer Käseschicht enden.

6

Den Auflauf auf der mittleren Schiene des Backofens 10–15 Minuten überbacken, bis der Käse zerlaufen ist. Die restlichen Kräuter darüber streuen und servieren.

Pro Person etwa 3100 kJ/740 kcal
19 g Eiweiß · 52 g Fett · 51 g Kohlenhydrate
10 g Ballaststoffe

Buchweizen-Gemüseauflauf

Fernöstlicher Linsen-Reisauflauf

Dieser Auflauf ist etwas für alle Curry-Fans!

Zutaten für 2 Personen:
5 Eßl. Naturreis (100 g) · 6 Eßl. Linsen (100 g) · etwa ½ l abgekochtes oder entkalktes Wasser · 1 mittelgroße Zwiebel
2–3 cm frische Ingwerknolle
1 Knoblauchzehe · 1 Eßl. Butterschmalz
2–3 Teel. Currypulver · 2–3 Teel. Curcuma
1 Prise Koriander, frisch gemahlen
½ Teel. gekörnte Gemüsebrühe · Salz
2–3 Eßl. Sahne · 1 Banane · 2 mittelgroße Äpfel · 1 Eßl. Mandeln, frisch gehackt
2 Eßl. Luzernen- oder Weizensprossen

- Einweichzeit: 1–2 Stunden
- Vorbereitungszeit: etwa 40 Minuten
- Backzeit: 15–20 Minuten

1

Den Reis in einem Sieb abspülen. Die Linsen verlesen, waschen und mit dem Reis und dem Wasser in einer kleinen Schüssel 1–2 Stunden quellen lassen.

2

Die Zwiebel schälen, abspülen, halbieren und fein würfeln (Seite 18/19). Die Ingwerknolle und die Knoblauchzehe abschälen und sehr fein würfeln. Das Butterschmalz in einem Topf erhitzen und die Zwiebel darin leicht anbräunen. Den Ingwer, den Knoblauch, das Curry- und das Curcumapulver dazugeben und bei schwacher Hitze 1–2 Minuten anschwitzen.

3

Die Linsen und den Reis mit dem Einweichwasser dazugeben, 3–5 Minuten kochen lassen und dann zugedeckt bei mittlerer Hitze oder in der Spar-Gar-Box in 30–40 Minuten (je nach Sorte und Alter der Linsen) nicht ganz weich garen.

4

Mit dem Koriander, der Gemüsebrühe und Salz abschmecken. Die Sahne dazugießen. Die Banane schälen und längs vierteln. Die Äpfel gründlich waschen, vierteln, vom Kerngehäuse befreien und in schmale Schnitze schneiden.

5

Den Backofen auf 200° (Gas 2½–3) einstellen. In eine flache Auflaufform die Hälfte der Linsen-Reismasse einfüllen. Die Bananenstreifen und die Apfelscheiben darauflegen und die restliche Masse auf dem Obst verteilen. Den Auflauf auf der mittleren Schiene des Backofens 15–20 Minuten backen.

6

Dann mit den gehackten Mandeln bestreuen. Die Sprossen abspülen und darüber streuen.

Pro Person etwa 2600 kJ/620 kcal
19 g Eiweiß · 20 g Fett · 93 g Kohlenhydrate
14 g Ballaststoffe

Fernöstlicher Linsen-Reisauflauf

Rosenkohl-Maronenauflauf

Wenn Sie keine frischen Maronen bekommen können, greifen Sie auf Konserven oder getrocknete zurück!

Zutaten für 2 Personen:
250 g Maronen (Eßkastanien) · 1 l Wasser
250 g Rosenkohl · 1 große Zwiebel
1 Eßl. Butter · ½ Teel. Zitronensaft
1 Prise Muskatnuß, frisch gerieben · Salz
3–4 Eßl. Appenzeller und Emmentaler gemischt, frisch gerieben (75 g)
50 g Crème fraîche
Für die feuerfeste Form: Butter

- Vorbereitungszeit: etwa 50 Minuten
- Backzeit: 25–30 Minuten

1

Die Maronen mit einem Messer oder einer Küchenschere an der Spitze kreuzweise einschneiden und in dem Wasser etwa 20 Minuten weich garen.

2

Inzwischen den Rosenkohl waschen und welke Blättchen entfernen. Die Zwiebel schälen, abspülen, halbieren und würfeln (Seite 18/19).

3

Die Hälfte der Butter in einem Topf aufschäumen lassen, die Zwiebel dazugeben und bei mittlerer Hitze goldbraun braten. Den Rosenkohl, 1 Tasse Wasser, den Zitronensaft, die Muskatnuß und Salz dazugeben. Das Gemüse zugedeckt bei mittlerer Hitze in etwa 5 Minuten nicht ganz weich garen. Dann 2–3 Eßlöffel Gemüsewasser abnehmen und beiseite stellen.

4

Die Maronen mit kaltem Wasser abschrekken. Die Schale und das innere Häutchen mit einem spitzen Messer entfernen.

5

Den Backofen auf 200° (Gas 2½–3) einstellen und eine hohe Auflaufform fetten (Seite 34/35).

6

Abwechselnd Rosenkohl, Maronen und Käse in die Form schichten. Die Crème fraîche mit dem Gemüsewasser verrühren und in Tupfen auf dem Gemüse verteilen. Die restliche Butter in Stückchen obenauf setzen.

7

Den Auflauf auf der mittleren Schiene des Backofens in 15–20 Minuten überbacken.

Pro Person etwa 2900 kJ/690 kcal
22 g Eiweiß · 41 g Fett · 60 g Kohlenhydrate
8 g Ballaststoffe

Rosenkohl-Maronenauflauf

Lasagne mit Zucchini

Sie können sich das Vorkochen der Nudelplatten ersparen, weil die Sauce ziemlich flüssig ist.

Zutaten für 2 Personen:
100 g frische Pilze, beispielsweise
Champignons · 250 g Tomaten
250 g Zucchini · 1 kleine Zwiebel
2 Eßl. Olivenöl · 1 Eßl. Vollkornweizen-
mehl oder Weizen, feingemahlen (10 g)
½ Teel. gekörnte Gemüsebrühe
½ Teel. Oregano · Salz · 200 g Sahne
4–6 Vollkorn-Nudelplatten
50–100 g Parmesan oder Emmentaler,
frisch gerieben

- Vorbereitungszeit: etwa 45 Minuten
- Backzeit: etwa 30 Minuten

1

Die Pilze kalt abbrausen, wenn nötig putzen und in Scheiben schneiden (Seite 18/19).

2

Die Tomaten mit kochendheißem Wasser überbrühen und 1–2 Minuten ziehen lassen. Dann mit kaltem Wasser abschrecken, häuten und würfeln, dabei die Stielansätze entfernen. Die Zucchini waschen, Stiel- und Blütenansätze entfernen und mittelgrob raspeln oder stifteln.

3

Die Zwiebel schälen, abspülen, halbieren und fein würfeln (Seite 18/19). Das Öl in einer Pfanne erhitzen und die Zwiebeln darin bei schwacher Hitze unter Bewegen leicht anbräunen. Die Pilze dazugeben und kurz anbraten.

4

Das Mehl darüberstäuben und unterrühren. Die Tomaten, die Zucchini, die Gemüsebrühe, den Oregano und Salz dazugeben. Die Masse 4–5 Minuten leicht köcheln lassen.

5

Den Backofen auf 200° (Gas 2½–3) vorheizen und eine Auflaufform bereitstellen.

6

Die Sahne unter die Sauce rühren und abschmecken. Die Sauce soll noch flüssig sein. Abwechselnd Sauce, Nudelplatten und Käse einschichten und mit Sauce und Käse enden. Mit einem Löffel die Oberfläche etwas eindrücken. Die Nudelplatten sollten ganz mit Flüssigkeit bedeckt sein. Wenn nicht, noch etwas Milch oder Wasser dazugießen.

7

Die Lasagne auf der mittleren Schiene des Backofens 30–35 Minuten backen, bis die Oberfläche goldbraun ist. Nach etwa 30 Minuten mit einer Gabel einstechen, um festzustellen, ob die Nudeln weich sind.

Pro Person etwa 3800 kJ/900 kcal
34 g Eiweiß · 62 g Fett · 52 g Kohlenhydrate
9 g Ballaststoffe

Lasagne mit Zucchini

Orientalischer Reisauflauf

Die Vorbereitungszeit verkürzt sich, wenn Sie bereits gegarten Reis verwenden!

Zutaten für 2 Personen:
5 Eßl. Langkorn-Naturreis (100 g)
½ l Wasser · Salz · 300 g Blumenkohlröschen · 1 Teel. Zitronensaft · 100 g Sahne
2 gestrichene Teel. Naturreis, feingemahlen, ersatzweise Weizen (10–15 g)
1 Eßl. Sultaninen · 1 Eßl. Currypulver
Streuwürze · 2 Eßl. Mandeln oder Cashewkerne (40 g) · 1 Teel. Öl · 1 Banane
Für die feuerfeste Form: Butter

- Vorbereitungszeit: etwa 45 Minuten
- Backzeit: 10–15 Minuten

1

Den Reis in einem Sieb abspülen und abtropfen lassen. ¼ l von dem Wasser mit einer Prise Salz zum Kochen bringen. Den Reis einstreuen, den Deckel auflegen und 3–5 Minuten kochen lassen. Die Temperatur verringern und den Reis bei schwacher Hitze oder in einer Spar-Gar-Box in etwa 30–40 Minuten ausquellen lassen.

2

Inzwischen die Blumenkohlröschen gründlich waschen. In einem kleinen Topf das restliche Wasser mit dem Zitronensaft und einer Prise Salz zum Kochen bringen, und die Blumenkohlröschen darin in etwa 10 Minuten nicht ganz weich garen. Danach die Röschen herausnehmen.

3

Für die Sauce 150–200 ccm von dem Kohlwasser mit der Sahne vermischen. Das Reis- oder Weizenmehl in wenig Wasser anrühren und in die kochende Flüssigkeit rühren. Die Sultaninen dazugeben. Die Sauce etwa 5 Minuten leicht köcheln lassen, bis sie sämig ist. Das Currypulver hinzufügen, mit Salz und Streuwürze würzen und abschmecken.

4

Die Mandeln oder Cashewkerne auf einem großen Brett grob hacken und mit dem Öl in einer Pfanne leicht rösten.

5

Den Backofen auf 200° (Gas 2½–3) einstellen und eine Auflaufform mit Butter ausfetten (Seite 34/35).

6

Die Banane schälen und in Scheiben schneiden. In die Form den Reis, die Blumenkohlröschen, die Bananenscheiben und die Hälfte der Nüsse einschichten. Mit Sauce übergießen und die restlichen Nüsse darüber streuen. Den Auflauf auf der mittleren Schiene des Backofens 10–15 Minuten überbacken.

Pro Person etwa 2800 kJ/670 kcal
14 g Eiweiß · 40 g Fett · 67 g Kohlenhydrate
11 g Ballaststoffe

Orientalischer Reisauflauf

Nudelauflauf mit Pilzen und Tomaten

Diesen Auflauf können Sie auch sehr gut mit angebratenen Auberginenscheiben variieren.

Zutaten für 2 Personen:
1 l Wasser · 1 Teel. Salz · 1 Teel. Öl
125 g Vollkornnudeln · 1 kleine Zwiebel
150 g frische Champignons · 2 Eßl. Öl
2–3 mittelgroße Tomaten · 1 Prise
Kräutersalz · 50–100 g dünne
Käsescheiben · 3 Eßl. Petersilie, frisch
gehackt · 2–3 Eßl. Sahne

- Vorbereitungszeit: etwa 30 Minuten
- Backzeit: 20–25 Minuten

1

Das Wasser mit dem Salz und dem Öl in einem großen Topf zum Kochen bringen. Die Nudeln in das sprudelnde Wasser hineingeben und unter gelegentlichem Umrühren nicht zu weich kochen.

2

Die Zwiebel schälen und würfeln. Die Pilze kurz abspülen, putzen und in etwa ½ cm dünne Scheiben schneiden (Seite 18/19).

3

Die Hälfte des Öls erhitzen, die Zwiebelwürfel darin goldbraun braten und dann auf einen Teller geben.

4

Das restliche Öl erhitzen und die Pilze darin bei starker Hitze etwa 1 Minute, dann bei mittlerer Hitze 2–3 Minuten anbraten und beiseite stellen.

5

Die Nudeln in ein Sieb geben und abtropfen lassen.

6

Den Backofen auf 200° (Gas 2½–3) vorheizen und eine flache Auflaufform fetten (Seite 34/35).

7

Die Tomaten waschen, halbieren und dabei den Strunkansatz ausschneiden. Dann in Scheiben schneiden.

8

Abwechselnd Nudeln, Tomaten, das Kräutersalz, Zwiebeln, Pilze, Käsescheiben und 2 Eßlöffel von der Petersilie in die Form schichten. Etwas Käse zurückbehalten und mit einer Nudelschicht enden. Die Sahne darüber träufeln und die restlichen Käsescheiben darauflegen.

9

Das Gericht auf der mittleren Schiene des Backofens etwa 20 Minuten backen, bis der Käse zerlaufen ist. Mit der restlichen Petersilie bestreuen und servieren.

Pro Person etwa 2900 kJ/690 kcal
28 g Eiweiß · 43 g Fett · 46 g Kohlenhydrate
9 g Ballaststoffe

Nudelauflauf mit Pilzen und Tomaten

So wird's gemacht

Kartoffeln garen

1 Für Pellkartoffeln möglichst kleine, gleich große Kartoffeln auswählen. Große Kartoffeln vor dem Kochen zerteilen.

2 Die Kartoffeln gründlich waschen.

3 In einem dichtschließenden Topf die Kartoffeln mit 1–2 Tassen Wasser aufsetzen und bei mittlerer Hitze, je nach Größe, 20–30 Minuten kochen lassen. Die Kartoffeln mit kaltem Wasser abschrecken; sie lassen sich dann leichter abziehen.

1

Zwiebel schneiden

1 Das Schneidbrett und das Messer mit Wasser abspülen. Die geschälten Zwiebeln auch kurz abspülen, um anhaftende Schalen- und Erdreste zu entfernen und die Reizwirkung zu vermindern. Die Zwiebeln längs halbieren und dann quer in Scheiben schneiden, die zu Streifen zerfallen.

2 Für Würfel die Zwiebelhälften zuerst senkrecht ein- aber nicht ganz auseinanderschneiden. Die Zwiebel gut zusammendrücken und mit dem Messer waagerecht bis kurz vor das Wurzelende einschneiden. (Die Zwiebelhälfte wird durch das Wurzelende zusammengehalten).

3 Die eingeschnittene Zwiebelhälfte jetzt senkrecht in dünne Scheiben schneiden, die zu kleinen Würfeln zerfallen.

1

Pilze vorbereiten

1 Die Pilze in einem Sieb kurz unter fließendem Wasser abspülen.

2 Bei älteren Pilzen die Huthaut abziehen. Unschöne Stellen und die Stielenden mit einem scharfen Messer abschneiden.

3 Die Pilze in Scheiben schneiden.

1

2

3

2

3

2

3

Kartoffelauflauf mit Röstzwiebeln

Diesen Auflauf können Sie auch gut in einer beschichteten Pfanne zubereiten. Wichtig ist nur, daß Sie bei schwacher Hitze und mit aufgelegtem Deckel arbeiten.

Zutaten für 2 Personen:
500 g mehlige Kartoffeln · 2 mittelgroße Zwiebeln · 2 Eßl. Sonnenblumenöl oder Butterschmalz · 1 mittelgroßer Apfel
100–150 ccm Sahne oder Milch · 1 Ei
Salz · 1 Prise Muskatnuß, frisch gerieben
2–3 Eßl. Emmentaler oder Greyerzer, frisch gerieben (50 g) · 2 Eßl. Sonnenblumenkerne oder Sesamsamen
Für die feuerfeste Form: Butter

- Vorbereitungszeit: etwa 45 Minuten
- Backzeit: etwa 15 Minuten

1

Die Kartoffeln waschen und mit der Schale in wenig Wasser nicht ganz weich kochen (Seite 18/19).

2

Inzwischen die Zwiebeln schälen, abspülen, halbieren und in feine Streifen schneiden (Seite 18/19). Das Öl oder das Butterschmalz in einer Pfanne erhitzen und die Zwiebeln darin bei mittlerer Hitze goldbraun braten. Dann beiseite stellen.

3

Den Apfel gründlich waschen, trockenreiben, vierteln und vom Kerngehäuse befreien. Die Apfelviertel in etwa ½ cm breite Schnitze schneiden.

4

Das Kartoffelwasser abgießen. Die Kartoffeln mit kaltem Wasser abschrecken und kurz abkühlen lassen. Dann die Schale abziehen und die Kartoffeln mit einer Kartoffelpresse, einem Kartoffelstampfer oder einem elektrischen Mixstab zerdrücken.

5

Die Sahne oder die Milch und das Ei dazugeben. Alles zu einem cremigen Brei verrühren. Mit Salz und der Muskatnuß abschmecken. Den Backofen auf 225° (Gas 3–4) einstellen und eine Auflaufform fetten (Seite 34/35).

6

Die Hälfte der Kartoffelmasse auf den Boden der Form streichen. Einen Teil des Käses und der Zwiebeln sowie die Apfelschnitze darauf verteilen. Die restliche Kartoffelmasse, den restlichen Käse und die Zwiebeln daraufgeben. Die Sonnenblumenkerne oder Sesamsamen darüber streuen.

7

Den Auflauf auf der mittleren Schiene des Backofens etwa 15 Minuten backen.

Pro Person etwa 3500 kJ/840 kcal
24 g Eiweiß · 60 g Fett · 53 g Kohlenhydrate
10 g Ballaststoffe

Kartoffelauflauf mit Röstzwiebeln

Überbackene Getreideklößchen

Diesen Auflauf können Sie je nach Jahreszeit mit unterschiedlichen Gemüsesorten zubereiten!

Zutaten für 2 Personen:
etwa ¼ l Wasser · Salz · ½ Teel. gekörnte Gemüsebrühe · ¼ Teel. Currypulver
1 Prise Muskatnuß, frisch gerieben
¼ Teel. getrockneter Thymian oder Majoran · 2 Eßl. Grünkern (40 g) und 2 Eßl. Nacktgerste (40 g), beides mittelgrob geschrotet · 1 kleine Zwiebel · 1 mittelgroße Möhre (100 g)
150–200 g Broccoli · 50 g Sellerieknolle
2 Eßl. Mandeln oder Sonnenblumenkerne (40 g) · 1 Eßl. Butter
2–3 Eßl. saure Sahne · 2–3 Eßl. Petersilie, frisch gehackt · 2–3 Eßl. Emmentaler oder Gouda, frisch gerieben (50 g)
2–3 Eßl. Sahne
Für die feuerfeste Form: Butter

- Vorbereitungszeit: etwa 50 Minuten
- Backzeit: 20–25 Minuten

1

Das Wasser mit 1 Prise Salz, der Gemüsebrühe, dem Curry, der Muskatnuß und dem Thymian oder dem Majoran in einem kleinen Topf zum Kochen bringen. Den Schrot einrühren und bei schwacher Hitze zugedeckt oder in der Spar-Gar-Box etwa 20 Minuten quellen lassen. Dabei ab und zu umrühren.

2

Inzwischen die Zwiebel schälen, abspülen, halbieren und fein schneiden (Seite 18/19). Die Möhre gründlich waschen und bürsten oder dünn schälen. Die Möhre in etwa ½ cm kleine Würfel oder Stifte schneiden (Seite 34/35). Den Broccoli von den größeren Blättern befreien und etwa 15 Minuten in Salzwasser legen. Die Sellerieknolle abschälen, in Stücke schneiden und zusammen mit den Mandeln mit einem Messer oder Mixstab fein zerkleinern.

3

Die Butter in einer Pfanne erhitzen und die Zwiebeln darin leicht andünsten. Den Broccoli in Röschen zerteilen. Die Möhren und den Broccoli dazugeben und das Gemüse mit ½ Tasse Wasser zugedeckt in 5–7 Minuten halbgar kochen.

4

Den Sellerie, die Mandeln oder Sonnenblumenkerne, die Sahne und die Petersilie in den Brei rühren und abschmecken.

5

Den Backofen auf 200° (Gas 2½–3) einschalten und eine Auflaufform fetten (Seite 34/35). Mit einem nassen Eßlöffel aus der Masse Klößchen abstechen und abwechselnd mit dem Gemüse in die Form schichten. Mit Käse bestreuen und die Sahne darüber träufeln. Auf der mittleren Schiene des Backofens 15–20 Minuten backen, bis der Käse zerlaufen ist.

Pro Person etwa 2800 kJ/670 kcal
22 g Eiweiß · 47 g Fett · 38 g Kohlenhydrate
11 g Ballaststoffe

Überbackene Getreideklößchen

Zucchinisoufflé

Servieren Sie das Soufflé als kleines Abendessen oder auch einmal bei einem festlichen Menü als Zwischengang.

Zutaten für 2 Personen:
1 Eßl. Butter · 1–2 Eßl. Weizen,
feingemahlen (20 g) · etwa ⅛ l Milch
¼ Gemüsebrühwürfel · Kräutersalz
weißer Pfeffer, frisch gemahlen · 1 Prise
Streuwürze · 200 g Zucchini · 1–2 Eier
2 Eßl. Emmentaler oder Appenzeller,
frisch gerieben (40 g)
½ Teel. Thymianblättchen · 1 Prise Salz
Für die feuerfesten Förmchen: Butter

- Vorbereitungszeit: etwa 20 Minuten
- Backzeit: 20–25 Minuten

1

Die Butter in einem Topf aufschäumen lassen. Das Weizenmehl dazugeben und bei mittlerer Hitze 1–2 Minuten leicht anschwitzen (Seite 34/35). Die Milch dazugießen, die Gemüsebrühe, Kräutersalz, Pfeffer und die Streuwürze dazugeben und die Masse unter Rühren leicht kochen lassen, bis sie dick wird. Danach zum Abkühlen beiseite stellen.

2

Die Zucchini waschen, von Blüten- und Stielansätzen befreien und fein stifteln oder mittelgrob raspeln. In einer Pfanne die Zucchinistifte bei mittlerer Hitze etwa 5 Minuten dünsten lassen, bis die Eigenflüssigkeit verdunstet ist.

3

Den Backofen auf 200° (Gas 2½–3) vorheizen und 2 kleine Souffléförmchen etwa 5 Minuten darin anwärmen.

4

Die Eier in Eiweiße und Eigelbe trennen. Den Käse, die Eigelbe und den Thymian in die Sauce rühren. Die vorgegarten Zucchinis abtropfen lassen und dazugeben.

5

Die Förmchen aus dem Ofen nehmen, auf eine Unterlage stellen und etwas Butter auf dem Boden der Förmchen zerlaufen lassen (Seite 34/35).

6

Die Eiweiße mit dem Salz zu steifem Schnee schlagen, auf die Masse geben und mit einem Schneebesen vorsichtig unterheben. Die Soufflémasse in die Förmchen füllen.

7

Die Förmchen auf die mittlere Schiene des vorgeheizten Backofens stellen. Die Soufflés in etwa 15 Minuten goldbraun backen und sofort servieren.

Pro Person etwa 1400 kJ/330 kcal
17 g Eiweiß · 25 g Fett · 12 g Kohlenhydrate
2 g Ballaststoffe

Zucchinisoufflé

Kartoffel-Zucchiniauflauf

Variieren Sie diesen Auflauf auch einmal mit Fenchel. Halbieren Sie die Fenchelknollen und garen Sie sie in 15–20 Minuten vor.

Zutaten für 2 Personen:
400 g festkochende oder mehlig festkochende Kartoffeln · 400 g Zucchini
1 Knoblauchzehe · 1–2 Tassen Wasser
1 Eßl. Butter · 1–2 Eßl. Weizen, feingemahlen (20 g) · 100 g Sahne
1–1½ Tassen Gemüsekochwasser
½ Teel. gekörnte Gemüsebrühe · Salz
1 Prise Muskatnuß, frisch gerieben
2 Eßl. Sesamsamen · 2–3 Eßl. Petersilie, frisch gehackt (Seite 34/35)
50–100 g Emmentaler oder Appenzeller, frisch gerieben
Für die feuerfeste Form: Butter

- Vorbereitungszeit: etwa 40 Minuten
- Backzeit: 15–20 Minuten

1

Die Kartoffeln waschen und mit der Schale in wenig Wasser nicht ganz weich garen (Seite 18/19).

2

Inzwischen die Zucchini waschen, von Stiel- und Blütenansätzen befreien und in etwa 5 mm dicke Scheiben schneiden. Die Knoblauchzehe schälen und fein hacken.

3

In einem Topf das Wasser zum Kochen bringen, die Zucchini hineingeben und zugedeckt bei mittlerer Hitze in 5–7 Minuten nicht ganz weich garen.

4

Für die Sauce die Butter in einem Topf aufschäumen lassen, das Weizenmehl dazugeben und bei schwacher Hitze kurz anschwitzen. Die Sahne und das Gemüsewasser dazugießen, den Knoblauch hinzufügen und kurz kochen lassen, bis die Sauce sämig ist (Seite 34/35). Dann mit der Gemüsebrühe, Salz und der Muskatnuß abschmecken und beiseite stellen.

5

Das Kartoffelwasser abgießen, die Kartoffeln kalt abschrecken und abziehen. In dünne Scheiben schneiden.

6

Den Backofen auf 200° (Gas 2½–3) vorheizen, eine flache Auflaufform fetten und mit 1 Eßlöffel Sesamsamen ausstreuen (Seite 34/35). Die Kartoffelscheiben abwechselnd mit den Zucchini in die Form legen. Die Hälfte der Petersilie und den Käse in die leicht abgekühlte Sauce einrühren und diese über die Zutaten gießen. Den restlichen Sesam darüber streuen.

7

Den Auflauf auf der mittleren Schiene des Ofens in 15–20 Minuten braun backen. Mit der restlichen Petersilie bestreuen.

Pro Person etwa 3000 kJ/710 kcal
26 g Eiweiß · 47 g Fett · 45 g Kohlenhydrate
10 g Ballaststoffe

Kartoffel-Zucchiniauflauf

Sahniger Nudel-Spinatauflauf

Anstelle von Spinat können Sie auch Mangold oder Lauch verwenden, die vor dem Andünsten in feine Streifen geschnitten werden.

Zutaten für 2 Personen:
1 l Wasser · 1 Teel. Salz · 1 Teel. Öl
125 g Vollkornnudeln · 300 g Spinat
1 kleine Zwiebel · 1 Knoblauchzehe
1 Eßl. Butter · 1–2 Eßl. Weizen,
feingemahlen (20 g) · ¼ l Milch oder
Nudelkochwasser · ½ Teel. gekörnte
Gemüsebrühe · 2–3 Eßl. Sahne · 1 Prise
Muskatnuß, frisch gerieben · Salz
50 g Emmentaler, frisch gerieben

- Vorbereitungszeit: etwa 35 Minuten
- Backzeit: etwa 20 Minuten

1

Für die Nudeln das Wasser mit dem Salz und dem Öl in einem großen Topf zum Kochen bringen. Die Nudeln in das sprudelnd kochende Wasser hineingeben und unter gelegentlichem Umrühren in 7–8 Minuten nicht zu weich kochen.

2

Den Spinat in reichlich Wasser gründlich waschen. Welke Blätter entfernen und die Wurzelansätze abschneiden. Noch tropfnaß in einen Topf geben und zugedeckt bei mittlerer Hitze etwa 5 Minuten dünsten lassen, bis der Spinat zusammengefallen ist. Dann auf ein Brett legen.

3

Ein großes Sieb auf einen Topf oder eine Schüssel stellen. Die Nudeln hineinschütten und abtropfen lassen.

4

Für die Sauce die Zwiebel und die Knoblauchzehe schälen, halbieren und fein würfeln (Seite 18/19). Die Butter in dem Topf aufschäumen lassen und beides darin andünsten. Das Weizenmehl dazugeben und bei mittlerer Hitze leicht anschwitzen. Die Milch oder das Wasser dazugießen und die Masse unter Rühren kurz kochen lassen, bis die Sauce dicklich wird (Seite 34/35). Mit der Gemüsebrühe, der Sahne, der Muskatnuß und Salz abschmecken.

5

Den Spinat grob hacken und in die Sauce geben. Den Backofen auf 200° (Gas 2½–3) einstellen.

6

Nudeln, Sauce und Käse lagenweise in eine hohe Auflaufform füllen. Mit einer Schicht aus Sauce und Käse enden.

7

Den Auflauf auf der mittleren Schiene des Backofens 15–20 Minuten überbacken, bis der Käse zerlaufen ist.

Pro Person etwa 2700 kJ/640 kcal
26 g Eiweiß · 34 g Fett · 56 g Kohlenhydrate
10 g Ballaststoffe

Sahniger Nudel-Spinatauflauf

Dinkel-Obstauflauf

Geeignet als Hauptgericht oder in kleinerer Menge als Dessert.

Zutaten für 2 Personen:
¼ l Wasser · 8 Eßl. Dinkel oder Weizen
(125 g), mittelgrob geschrotet
2 Eßl. Haselnüsse · 1 Banane
1 mittelgroßer Apfel oder 150 g Aprikosen,
Pfirsiche oder andere weiche Früchte
2 Eßl. Sultaninen, gebrüht · 1 Eßl. Butter
1 Ei · 1–2 Eßl. Zuckerrohrgranulat oder
Honig · 50–100 g Creme fraîche
1 Messerspitze gemahlene Vanille
1 Messerspitze Zimt · 1 Prise Salz
1 Teel. Zitronensaft
Für die feuerfeste Form: Butter

- Vorbereitungszeit: etwa 35 Minuten
- Backzeit: 20–25 Minuten

1

Das Wasser in einem kleinen Topf zum Kochen bringen und den Schrot einstreuen. Bei schwacher Hitze oder in der Spar-Gar-Box zugedeckt etwa 20 Minuten quellen lassen. Dabei ab und zu umrühren, damit der Schrotbrei nicht ansetzt. Danach kurz abkühlen lassen.

2

Inzwischen die Nüsse auf einem Brett grob hacken. Die Banane schälen, längs vierteln und kleinschneiden. Den Apfel waschen, abreiben, vierteln und vom Kerngehäuse befreien. Die Apfelviertel in kleine Stücke schneiden oder die Aprikosen oder Pfirsiche gründlich waschen, halbieren und entkernen. Ebenfalls in kleine Stücke schneiden. Die Fruchtstücke zusammen mit den Sultaninen in einer Schüssel vermischen.

3

In einer kleinen Rührschüssel die Butter mit dem Ei, dem Granulat oder dem Honig und der Crème fraîche verrühren. Die Vanille, den Zimt, das Salz, den Zitronensaft und die Hälfte der Nüsse dazugeben.

4

Den Backofen auf 200° (Gas 2½–3) einstellen, eine Auflaufform fetten und mit einem Eßlöffel gehackten Nüssen ausstreuen (Seite 34/35).

5

Den leicht abgekühlten Schrotbrei in die Rührschüssel zu den übrigen Zutaten geben und alles vermischen.

6

Abwechselnd die Getreidemasse und die Oststückchen einschichten, dabei mit dem Getreide enden. Die restlichen Nüsse darüber streuen.

7

Den Auflauf auf der mittleren Schiene des Backofens 15–20 Minuten backen.

Pro Person etwa 3800 kJ/900 kcal
16 g Eiweiß · 54 g Fett · 91 g Kohlenhydrate
11 g Ballaststoffe

Dinkel-Obstauflauf

Ofenschlupfer

Dieser traditionelle süße Auflauf ist preiswert, da Sie ihn mit altbackenen Brötchen oder Kuchen zubereiten können. Statt Zwetschgen passen auch Kirschen oder Äpfel sehr gut.

Zutaten für 2 Personen:
2 trockene Weizenvollkornbrötchen (etwa 125 g) · etwa ¼ l Milch (je nachdem, wie trocken die Brötchen sind)
250 g Zwetschgen
1–2 Eßl. Zuckerrohrgranulat oder Honig (je nach Süße der Früchte)
¼ Teel. Zimtpulver · 2 Eßl. Sultaninen, gebrüht · 4 Eßl. Haselnüsse, grob gehackt
2–3 Eßl. Sahne oder Milch · 1–2 Eier
½ Teel. gemahlene Vanille · 2 Teel. Butter
Für die feuerfeste Form: Butter

- Vorbereitungszeit: etwa 30 Minuten
- Backzeit: 20–25 Minuten

1

Die Brötchen in der Milch einweichen und etwa 10 Minuten quellen lassen. Wenn die Flüssigkeit aufgesogen ist, die Brötchen aber noch nicht ganz aufgeweicht sind, etwas Milch nachgießen, die Brötchen wenden und weiter quellen lassen.

2

Die Zwetschgen waschen und entkernen. Mit dem Granulat oder dem Honig, dem Zimt, den Sultaninen und mit 2 Eßlöffeln von den Nüssen vermischen.

3

Den Backofen auf 200° (Gas 2½–3) einstellen. Eine flache oder hohe Auflaufform fetten und mit einem Eßlöffel Nüsse ausstreuen (Seite 34/35).

4

Die eingeweichten Brötchen leicht ausdrücken, mit den Fingern grob zerpflücken und abwechselnd mit den Früchten in die Form schichten.

5

Die Sahne oder Milch mit den Eiern und der Vanille verquirlen und gleichmäßig über dem Auflauf verteilen, einziehen lassen und die Oberfläche glattstreichen. Die Butter in Stückchen darauf verteilen und die restlichen Nüsse darüber streuen.

6

Den Ofenschlupfer auf der unteren Schiene des Backofens 20–25 Minuten backen, bis die Masse gestockt und leicht gebräunt ist. Dann den Ofen abschalten und den Auflauf noch etwa 5 Minuten im Backofen stehen lassen.

7

Den Auflauf warm oder kalt, zum Beispiel mit geschlagener Sahne oder einer Vanillesauce servieren.

Pro Person etwa 4100 kJ/980 kcal
23 g Eiweiß · 59 g Fett · 91 g Kohlenhydrate
8 g Ballaststoffe

Ofenschlupfer

So wird's gemacht

Gemüse und Kräuter fein schneiden

1 Möhren nach dem Waschen und Schälen in 3–5 mm Abstand längs einschneiden.

2 Danach im gleichen Abstand in Querrichtung feine Scheiben abschneiden, die zu dünnen Stiften zerfallen.

3 Kräuter, wie zum Beispiel Schnittlauch oder Petersilie, nach dem Waschen trokkenschütteln. Die Schnittlauchröhrchen durch 1–2maliges Durchschneiden verkürzen. Die verkürzten Teile übereinander legen und in kleine Röllchen schneiden. Die Kräuter mit einer Hand zusammenhalten und schneiden. Danach mit einem großen Messer oder Wiegemesser noch weiter zerkleinern.

Helle Sauce zubereiten

1 In einem kleinen Topf die Butter aufschäumen lassen.

2 Das Vollkornmehl einstreuen und bei mittlerer Hitze leicht anschwitzen.

3 Den Topf von der Herdplatte nehmen. Die Flüssigkeit langsam einrühren. Den Topf wieder auf die Herdplatte stellen und die Sauce einkochen lassen, bis sie, je nach Verwendungszweck, sämig oder dickflüssig ist.

Auflaufform ausfetten

1 Etwas Butter oder Öl in eine feuerfeste Auflaufform geben und diese für etwa 5 Minuten bei 200° (Gas 2½–3) im Backofen vorwärmen.

2 Die Form aus dem Backofen nehmen und auf eine Unterlage stellen. Durch Bewegen der Form die Butter verlaufen lassen oder mit einem Pinsel oder einem Stück Pergamentpapier verteilen.

3 Die Form eventuell noch mit Semmelbröseln, Sesamsamen oder geriebenen Nüssen ausstreuen.

Aufläufe lassen sich aus Lebensmitteln von unterschiedlichem Geschmack ganz einfach zu vollwertigen Mahlzeiten zusammenstellen, die nur noch durch eine vitalstoffhaltige Frischkost-Vorspeise ergänzt werden müssen. Die Vollwert-Aufläufe werden je nach Geschmack und jahreszeitlichem Angebot mit Gemüse, Kartoffeln, Vollgetreide, Obst und Milchprodukten zu wohlschmeckenden und zugleich preiswerten Gerichten kombiniert.

Vollwertkost ist eine abwechslungsreiche Ernährungsform aus Getreide, frischem Gemüse und Obst – möglichst aus kontrolliertem Anbau –, naturbelassenen Fetten und Milchprodukten. Eier, Fleisch und Fisch spielen dabei eine untergeordnete Rolle. Verzehren Sie etwa die Hälfte der Lebensmittel als Rohkost und bereiten Sie Gekochtes so schonend zu, daß die wertvollen Inhaltsstoffe der Lebensmittel weitgehend erhalten bleiben.

Dinkel

Übrigens: kJ und kcal unter jedem Rezept bedeuten Kilojoule und Kilokalorien. Die Umgangssprache sagt dazu Joule und Kalorien.

Auberginen-Tomatenauflauf

Servieren Sie zu diesem Auflauf knusprige Vollkornbrötchen mit Butter.

Zutaten für 2 Personen:
1 große Aubergine (250 g) · Salz
1 mittelgroße Zwiebel · 3 Eßl. Olivenöl
500 g Tomaten · ¼ Teel. gekörnte
Gemüsebrühe · ½ Bund Basilikum, frisch
gehackt oder 1 Teel. Thymianblättchen
75–100 g Mozzarella oder mittelalter
Gouda, in Scheiben geschnitten
2 Eßl. Parmesan, frisch gerieben

- Vorbereitungszeit: etwa 30 Minuten
- Backzeit: 10–15 Minuten

1

Die Aubergine waschen, in etwa 1 cm dicke Scheiben schneiden und auf einen Teller legen. Die Scheiben leicht salzen und etwa 15 Minuten ziehen lassen, um mögliche Bitterstoffe herauszulösen.

2

Die Zwiebel schälen, abspülen, halbieren und in Streifen schneiden (Seite 18/19). 2 Eßlöffel von dem Öl erhitzen und die Zwiebelstreifen darin goldbraun braten.

3

Die Auberginenscheiben trockentupfen. Das restliche Olivenöl erhitzen und die Scheiben darin von allen Seiten goldbraun braten, dann abtropfen lassen.

4

Die Tomaten mit kochendheißem Wasser überbrühen und 1–2 Minuten ziehen lassen. Dann mit kaltem Wasser abschrecken und häuten. Die grünen Stielansätze entfernen, die Tomaten in Würfel schneiden und zu den gebräunten Zwiebeln geben. Mit der Gemüsebrühe würzen und das Ganze 4–5 Minuten bei schwacher Hitze köcheln lassen. Dann mit dem Basilikum oder dem Thymian abschmecken. Den Backofen auf 200° (Gas 2½–3) einstellen.

5

Eine flache Auflaufform mit den gebratenen Auberginenscheiben auslegen, die Käsescheiben darauf verteilen und die Tomaten-Zwiebelsauce darüber gießen. Den Parmesan darüber streuen.

6

Den Auflauf auf der mittleren Schiene des Backofens 10–15 Minuten überbacken, bis der Käse geschmolzen ist.

Pro Person: 2000 kJ/480 kcal
22 g Eiweiß · 36 g Fett · 14 g Kohlenhydrate
8 g Ballaststoffe